Los SONIDOS

Textos de David Bennett
Ilustraciones de Rosalinda Kightley
Traducción de Delia M. G. de Acuña

Colección El Osito Sabe
EDITORIAL SIGMAR

Aprendes sobre el mundo a través de los cinco
sentidos. Puedes ver con los ojos, oler con
la nariz, gustar con la lengua, sentir
con tu piel...

...y oír todos los sonidos que hay a tu alrededor porque tienes oídos.

Tu oído está formado por dos partes. Puedes ver la que está fuera de tu cabeza, las orejas. Pero, ¿sabías que hay otra parte del oído dentro de tu cabeza?

Hay orejas de distintos tamaños y formas.

Los conejos tienen orejas largas y finas.

Los gatos tienen orejas pequeñas y puntiagudas.

Las aves sólo tienen oídos dentro de la cabeza.
Algunos animales pueden girar sus orejas
hacia donde viene el sonido.

Las personas conversan usando palabras.
Pero los animales producen diferentes sonidos.

La vaca hace muuu. La oveja hace beee.

El perro hace guau. Los gatos hacen miau.

¿Quién hace cua, cua? ¿Quién hace oink, oink?

Los sonidos que tú haces le dicen a la gente y a los animales cómo te sientes.

Lloras cuando estás triste.

Te ríes cuando estás feliz.

Algunos sonidos indican qué hay que hacer. Cuando el teléfono suena, sabes que alguien quiere hablar contigo y por eso le contestas.

La falta de sonido puede significar
que algo no funciona.

Los sonidos fuertes pueden ser un aviso.
Un grito o un chillido pueden expresar
que alguien necesita ayuda.

En una emergencia, los coches de policía, los camiones de bomberos y las ambulancias usan sirenas muy fuertes para avisar que se les debe ceder el paso.

Puedes oír sonidos muy suaves como el tic-tac del reloj o el murmullo de alguien. Hasta puedes oír las pisadas sobre una alfombra.

Si hay mucho silencio, un sonido
repentino puede asustarte.

La música es otra clase de sonido. La música
puede hacerte cambiar la forma de sentir.

La música fuerte y alegre puede darte
ganas de cantar y bailar. La música suave
y lenta te puede hacer sentir paz.

Los sonidos cambian según las estaciones del año.

En primavera, oyes cantar a los pájaros y, a veces, el estruendo de las tormentas.

En verano, se oye zumbar a las abejas.

En otoño, oyes crujir las hojas de los
árboles bajo tus pies...

Pero en invierno, cuando cae la nieve,
los sonidos se apagan y todo
parece más silencioso.

Algunas palabras te dicen exactamente cómo es un sonido.

tic-tac

boing

pop

crac

Si te quedas muy quieto, podrás oír muchos sonidos diferentes, todos al mismo tiempo.

Cierra los ojos y descubrirás
cuántos sonidos conoces.

REPASEMOS CON EL OSITO

1. Puedes oír sonidos a tu alrededor porque tienes oídos.

2. Una parte del oído está fuera de tu cabeza y otra parte está adentro.

3. Los sonidos que produces le dicen a la gente cómo te sientes. Los sonidos pueden ser suaves o fuertes.

4. La música es un sonido. Hay sonidos diferentes según las estaciones del año.

Esta edición se terminó de imprimir en agosto de 2004, en Indugraf S.A., Sánchez de Loria 2251, Buenos Aires.